Conoscere & Amare L'Islam

Un Libro Per Introdurre l'Islam ai Bambini

di The Sincere Seeker Kids Collection

Cos'è l'Islam?

Islam significa obbedire e sottomettersi completamente al nostro Creatore, Colui che ha creato te e me, il mondo intero, e tutto ciò che ci circonda. Possiamo vivere felicemente e in pace in questo mondo e nel prossimo solo quando ci sottomettiamo a Dio credendo in Lui e obbedendo ai Suoi comandi.

Nell'Islam, i Musulmani credono e adorano l'Unico Vero Dio, Allah, Colui che sa tutto, l'Onnipotente, l'Amorevole. Allah ci ama moltissimo, e anche noi dovremmo amarLo.

L'Islam è un modo di vita completo che ci insegna come vivere le nostre vite al meglio, ci insegna ciò che è buono e ciò che è nocivo per noi, e ci insegna l'amore e la pace. Seguire l'Islam ci renderà persone migliori.

L'Islam ci insegna che dovremmo essere buoni con i nostri genitori, i nostri amici e i vicini di casa. L'Islam ci insegna che dovremmo aiutare le persone in difficoltà e vivere la nostra vita nel modo migliore possibile. Allah ci ha creati così che potessimo adorarlo, e ci ha creati per metterci alla prova. Se crediamo in Dio e viviamo una buona vita, saremo ricompensati con il Paradiso nell'aldilà, dove vivremo per sempre, e dove potremo avere tutto quello che desideriamo.

Chi è Allah?

La parola 'Allah' è il nome di Dio. Lui è il Solo e Unico Dio. Allah non ha mai avuto un inizio, e non è mai nato. Allah non avrà mai una fine. Lui è il Creatore dei Cieli e della Terra, il Creatore dell'Universo, Colui che ha creato te e me. Tutto appartiene ad Allah. Lui è il Re di tutti i re. Allah non ha padre né madre, non ha figli né figlie, non ha famiglia, e non ha eguali. Niente è come Allah. Le nostre menti non possono nemmeno immaginare il suo aspetto. Allah non si stanca, non riposa e non dorme.

Allah conosce ogni cosa. Allah Vede e Sente tutto. Allah è Colui che ci mette a disposizione tanti cibi deliziosi, bevande saporite e comode case. È Colui che fa scendere per noi la pioggia, che fa splendere il sole, e illumina la grande e bellissima luna. È Colui che ci ha donato la vita, i nostri amorevoli genitori, e le nostre famiglie felici. Lui ci ha donato la possibilità di sentire, toccare, gustare e vedere. Dio ci ha donato i nostri cuori, le nostre menti, le nostre anime, la nostra forza e le nostre abilità. Allah dà, dà, e ancora dà.

Allah merita la nostra adorazione e la nostra obbedienza. Lui è l'Amorevole, il Misericordioso, il Perdonatore. Dovremmo rivolgerci ad Allah nel corso di una brutta giornata, e dovremmo ringraziarLo durante una bella giornata. Dovremmo parlare con Lui, fare dua e preghiere ad Allah, e chiedergli qualsiasi cosa, perché Lui è il Detentore di ogni cosa. Lui ascolta continuamente, e può sentire tutto quello che diciamo e che chiediamo. Lui conosce ogni segreto. Dovremmo rivolgerci ad Allah per ottenere risposte, aiuto, e anche protezione. Dio è Colui che si Prende Cura di noi, ci Protegge e ci Ama tantissimo. Quando sbagliamo, possiamo chiedere ad Allah di perdonarci, e Lui accetterà la nostra richiesta e ci perdonerà.

Allah si trova sopra di noi, sopra i Cieli, sopra il suo trono. Allah ha molti nomi, tra cui 99 nomi speciali. Dovremmo cercare di memorizzarli per conoscerLo di più e per avvicinarci maggiormente a Lui. Allah dovrebbe essere il nostro migliore amico. Lui ci conosce e ci ama tantissimo, pertanto noi dovremmo imparare a conoscerlo e ricambiare il suo amore.

Cos'è il Sacro Quran?

La parola 'Quran' significa "recitazione". Allah, tramite l'angelo Gabriele, ha rivelato il Sacro Corano al Profeta Muhammad, la pace sia su di lui, il quale lo ha poi a sua volta trasmesso a noi; la rivelazione è avvenuta nel Sacro Mese del Ramadan, il nono mese del calendario Islamico. Il Sacro Corano è scritto in lingua araba e contiene le esatte Parole di Allah, parola per parola, lettera per lettera. Non è mai stato cambiato.

Allah Parla con noi attraverso il Sacro Corano, e ci Dice cosa dovremmo e cosa non dovremmo fare. Esso contiene le volontà di Dio, e il suo Messaggio per noi, e dovremmo leggerlo ogni giorno. È una guida che ci aiuta ad imparare come vivere la nostra vita. Ci insegna ad essere onesti e non mentire o imbrogliare mai, a fare la carità ai poveri, ad essere gentili e corretti con i nostri genitori, i vicini di casa, i nostri familiari e i nostri amici. Il Sacro Corano ci ammonisce sul maltrattare le persone, gli animali e le piante. Il Sacro Corano ci insegna l'amore, la compassione, la fede e la gentilezza.

Allah ci ricorda del Suo amore, della Sua compassione e della Sua misericordia in ogni parte del Sacro Corano. Se lo seguiamo, avremo una bella vita in questo mondo, e saremo ricompensati con il Paradiso.

Il Sacro Corano viene memorizzato costantemente da milioni di persone di tutte le età e provenienza ed è il Libro più letto al mondo. In esso infatti, Allah ha promesso di facilitare la comprensione e la memorizzazione del Sacro Corano per tutti.

Il Sacro Corano va letto ad alta voce e con un tono bellissimo e melodioso. Esso contiene 114 capitoli, ognuno dei quali in arabo si chiama Surah, mentre ciascun verso viene chiamato Ayat. Il Sacro Corano è il miracolo più grande di Dio, e contiene centinaia di altri miracoli al suo interno. Dovremmo leggerlo ogni giorno, e dovremmo cercare di imparare i suoi potenti significati e le lezioni contenute al suo interno

Chi sono I Messaggeri e I Profeti di Dio?

Dio Onnipotente ha scelto Messaggeri e Profeti per farci arrivare il Suo Messaggio e insegnarci ciò che Vuole e Si aspetta da noi. Dio ha inviato centinaia di Profeti e Messaggeri nel corso della storia, e ogni nazione sulla terra ne ha ricevuto uno. Tutti i Messaggeri e i Profeti di Dio hanno insegnato lo stesso Messaggio generale: non esiste nessuno degno di essere adorato, se non Allah. Lui è l'Unico e il Solo, non ha partner, non ha figlio o figlia, né eguali. Tutte le altre divinità sono false, e sono esse stesse creazioni di Dio, pertanto non possono essere il vero Creatore. Ascoltare i Messaggeri e i Profeti di Allah e obbedire loro ci porterà a costruire una relazione con Allah e ad amarLo.

I Musulmani credono, rispettano, onorano e amano tutti i Messaggeri e i Profeti di Dio, a partire dal Profeta Adamo, compresi Noè, Abramo, Ismaele, Giacobbe, Mosè e il Profeta Gesù, la pace sia su di loro, che hanno invitato le persone ad adorare Dio. Lui ha scelto le persone migliori per inviarci il Suo Messaggio e di fatto i Profeti e i Messaggeri erano i migliori in relazione alla morale e al comportamento. L'ultimo Messaggero e Profeta di Dio è il Profeta Muhammad, la pace sia su di lui, che è stato inviato all'ultima nazione, la nostra.

Quali Erano Le Nazioni Del Passato e Cosa è Successo Loro?

Tutti i Profeti di Allah sono arrivati con miracoli e segni per dimostrare che erano stati inviati da Dio. Solo loro di fatto possono fare miracoli. Dio ha dato al Profeta Mosè, la pace sia su di lui, il potere di trasformare il suo bastone in un serpente e di dividere il Mar Rosso. Questi miracoli sono avvenuti per umiliare le persone e ricordare loro che il potere, il controllo e la forza di Dio sono veri. Il Profeta Gesù, la pace sia su di lui, è il frutto di una nascita miracolosa, senza un padre, e, con il permesso e la volontà di Dio, è stato capace di guarire i malati di lebbra, di curare i ciechi, e di far risorgere i morti. L'ultimo Profeta di Dio, Muhammad, la pace sia su di lui, ha ricevuto un miracolo che tutti possiamo ancora oggi vedere e sentire, il Sacro Corano, che, a sua volta, contiene centinaia di miracoli.

Il Sacro Corano racconta le storie delle nazioni precedenti, alle quali vennero inviati Messaggeri e Profeti per diffondere il Messaggio di Dio. Ma quei popoli non accettarono, andarono contro e negarono questo Messaggio.

Dio inviò il Profeta Noè, la pace sia su di lui, alla sua gente, con la quale rimase 950 anni a diffondere il messaggio di Allah, chiamando le persone ad adorare l'Unico Dio e a seguire i suoi comandamenti, ma solo pochi gli credettero, mentre la maggior parte della gente si prendeva il gioco di lui e negava ciò che diceva. A quel punto Dio ordinò al Profeta Noè di costruire una grande imbarcazione. La gente cominciò a pensare che non fosse sano di mente, dato che la stava costruendo in una terra in cui non esisteva acqua nelle vicinanze.

Poco tempo dopo, l'acqua iniziò a fuoriuscire dalla Terra e cadere dal Cielo. Dio ordinò al Profeta Noè di salire sull'imbarcazione con coloro che avevano creduto nel Suo Messaggio. Gli chiese anche di portare a bordo due esemplari, un maschio e una femmina, di ogni specie animale. Poi Dio causò una grande inondazione, l'acqua venne fuori da qualsiasi fenditura della Terra, e la pioggia cadde dal cielo come mai era successo prima. Così l'inondazione spazzò via le persone malvagie.

Chi è Il Profeta Muhammad?

Prima del Profeta Muhammad, la pace sia su di lui, i Profeti furono inviati solamente a persone specifiche in luoghi e momenti specifici. Tuttavia, il Profeta Muhammad è l'Ultimo Profeta, colui che è destinato a tutta l'umanità fino alla fine dei tempi.

Il Profeta Muhammad, la pace sia su di lui, nacque alla Mecca, nella Penisola Arabica. La gente di questa città era devota al culto degli idoli, e in quella zona al tempo c'era una grande ignoranza, così come stoltezza e sviamento. All'età di quaranta anni, mentre era in una caverna, il Profeta Muhammad ricevette la sua prima Rivelazione da Dio, tramite l'Angelo Gabriele. Passò poi il resto della sua vita spiegando e vivendo gli insegnamenti del Sacro Corano e dell'Islam, la religione che Dio gli rivelò.

Sebbene nella sua comunità fosse conosciuto come l'*"il sincero, il fidato"*, la maggior parte delle persone che lo circondavano non credette in lui né nel suo Messaggio. Poco tempo dopo, coloro che avevano accettato il Messaggio cominciarono ad essere maltrattati da quelli che non credevano. Il Profeta Muhammad, la pace sia su di lui, diffuse il Messaggio di Dio nella città della Mecca per tredici anni. Poi, insieme ai credenti, si spostò nella città di Medina, dove guadagnò molti seguaci, i quali lo resero il capo della città.

I miscredenti della Mecca pianificarono di attaccare l'Islam e i Musulmani, ma quello che inizialmente era un piccolo gruppo di credenti, nel frattempo crebbe, e fu in grado di resistere all'attacco dei miscredenti. Nel giro di dieci anni, il Profeta ritornò alla Mecca a capo di un esercito, e vi entrò vittorioso. In seguito, l'Islam si diffuse in tutto il mondo. Il Profeta Muhammad morì nel 632. Dio afferma nel Corano che il Profeta Muhammad, la pace sia su di lui, è stato inviato come una misericordia per tutti gli uomini.

Il Profeta Muhammad, la pace sia su di lui, è stato inviato per guidarci e condurci verso Allah. Lui ha compreso e amato il Sacro Corano, e ha vissuto tutta la sua vita seguendo gli insegnamenti in esso contenuti. È il nostro miglior modello di riferimento e colui che possiede eccezionali virtù e caratteristiche. Lui è stato il più grande marito, padre, nonno, leader, insegnante, giudice e uomo di stato di tutti i tempi. Insegnava la giustizia, l'onestà, la pace e l'amore.

I Musulmani cercano di imitare e di seguire la fede, il comportamento, l'attitudine, la pazienza, la compassione e la virtù del Profeta Muhammad. L'atto di imitare il Profeta si chiama '*Sunnah*'. Cerchiamo di imitare ogni cosa di lui, anche il modo in cui mangiava e beveva, la posizione in cui dormiva, il modo in cui si comportava e interagiva con gli altri.

Che cos'è Un Muslim?

La parola *'Muslim'* (Musulmano) indica qualcuno che si sta sottomettendo al volere e alle leggi di Allah. Il messaggio dell'Islam è sempre stato indirizzato a tutte le persone. Chiunque accetti questo Messaggio diventa un Muslim. Una persona su quattro su questa terra è Musulmana. Nel mondo ci sono 1,8 miliardi di Musulmani, che rappresentano circa il 24% della popolazione mondiale. Di questi, solo il 18% è di origine Araba. Molti Musulmani infatti vivono in America, in Europa e nell'Asia Sud Orientale. L'Islam non è legato ad una specifica etnicità o ad un determinato gruppo di persone. I Musulmani infatti sono persone che provengono da una grande varietà di contesti, etnie, culture e nazioni.

Nell'Islam, adorare Dio comprende ogni azione, credenza o affermazione che Egli approva e ama. Tutto ciò che porta una persona ad essere più vicina ad Allah è considerato un atto di adorazione.
Adorare Allah include le preghiere rituali giornaliere, il digiuno, la carità, ma comprende anche credere negli Angeli, nel Libro di Dio, e nei Suoi Profeti. Adorare Dio significa anche amarLo, renderGli grazie, e avere fiducia in Lui.

Qual è Lo Scopo Della Nostra Vita?

Non possiamo conoscere lo scopo della nostra vita a meno che Dio non ci guidi. E perciò dobbiamo chiedergli di mostrarci la Retta Via e insegnarci perché siamo stati creati. Dio ci guida tramite il Suo Libro, il Sacro Corano, e tramite le preghiere. Il nostro obiettivo è credere in Lui ed essere i Suoi servi obbedendogli ed essendo buoni. Coloro che supereranno questa prova entreranno in Paradiso per sempre. Lo scopo della nostra vita pertanto è quello di trovare Allah, costruire una relazione con Lui, fare del nostro meglio per obbedire ai Suoi comandi e essere le migliori persone possibile. Anche la vita su questo mondo è una prova. Dio sta mettendo alla prova ognuno di noi. Se viviamo una buona vita da Musulmani, avremo superato questa prova.

Cosa Sono gli Hadith & la Sunnah?

Il Sacro Corano è la Fonte Primaria dell'Islam e contiene le Parole Pronunciate da Dio. È l'unico Libro al mondo che conserva le parole esatte e pure di Dio in persona. Gli Hadith, invece, sono la seconda fonte dell'Islam. Al contrario del Corano, le affermazioni contenute negli Hadith sono state preservate da uomini, e non direttamente da Dio.

Mentre infatti il Profeta Muhammad, la pace sia su di lui, stava praticando e diffondendo gli insegnamenti dell'Islam e del Sacro Corano ai suoi compagni, essi cominciarono a trascrivere le sue affermazioni, le sue azioni e ciò in cui credeva. Successivamente i compagni del Profeta Muhammad, la pace sia su di lui, misero insieme queste trascrizioni, e in seguito, gli studiosi specializzati nella scienza degli Hadith, le raccolsero e le chiamarono Hadith.

Gli Hadith si riferiscono ad una narrazione o un resoconto di ciò che il Profeta Muhammad, la pace sia su di lui, ha detto, fatto, o approvato. Gli Hadith si possono anche riferire alla reazione del Profeta o al suo silenzio in risposta a qualcosa fatto o detto da altri.

Le azioni e le pratiche del Profeta si chiamano Sunnah. Il Profeta Muhammad è per noi un modello sacro da imitare e seguire, poiché Dio lo ha inviato come esempio da emulare rispetto al modo in cui vivere la nostra vita.

Quali Sono I Sei Articoli Di Fede?

Per diventare un Muslim, una persona deve credere nei sei Articoli di Fede (traduzione quest'ultima della parola araba Iman). Questi costituiscono le fondamenta del sistema di credenza Islamico e sono rispettivamente:

Fede nell'Unicità di Allah
Fede negli Angeli di Allah
Fede nei Profeti e Messaggeri di Allah
Fede nei Libri di Allah
Fede nell'Ultimo Giorno, nel Giorno della Resurrezione e nel Giorno del Giudizio
Fede nella Divina Predestinazione

Unicità di Dio

Il primo e più importante articolo di fede nell'Islam è credere nell'Unicità di Dio. La fede inizia con la credenza in Allah, il Glorioso, da cui derivano tutte le altre sfaccettature della fede.

Un Musulmano o una Musulmana crede e riconosce che non c'è nessun altro degno della sua adorazione, del suo amore, della sua lealtà, del suo sacrificio, della sua speranza, e del suo timore, se non Allah, il nostro Creatore. A Dio non piace quando le persone adorano altri dei oltre a lui, perché tutte le altre divinità sono false. Dio è l'Unico a cui è dovuta la nostra adorazione.

Quali sono I Cinque Pilastri dell'Islam?

La Religione dell'Islam poggia su Cinque Principali Fondazioni o Pilastri. Questi Cinque Pilastri o doveri religiosi sono necessari, e ogni Musulmano deve seguirli al meglio delle proprie possibilità. I Cinque Pilastri sono menzionati individualmente nel Sacro Corano e nelle narrazioni del Profeta Muhammad, la pace sia su di lui, conosciute come Hadith. I Cinque Pilastri dell'Islam sono:

Testimonianza di fede nell'Unicità di Dio (Allah) e nell'ultimo Profeta, Muhammad, la pace sia su di lui

Istituzione delle Cinque Preghiere Obbligatorie

Preoccupazione per i bisognosi e carità (Zakat in arabo)

Digiuno durante il mese di Ramadan (per la purificazione della propria persona)

Pellegrinaggio alla Mecca (almeno una volta nella vita per chi è in grado di farlo fisicamente ed economicamente)

I Musulmani prendono questi cinque pilastri molto seriamente, e li rendono una priorità rispetto ad altre esigenze della vita.

Cosa è il Jannah (Paradiso)?

Jannah viene spesso tradotto con le parole '*Giardino Verde.*' Il Jannah o Paradiso si trova nel Settimo Cielo. Tutti i Musulmani devono credere nel Jannah (Paradiso). È il posto bellissimo, rilassante, pieno di pace e divertimento in cui i Musulmani, che credono in Dio e vivono una buona vita, vivranno per sempre. Qualsiasi cosa ognuno desideri, nel Jannah si può ottenere. Le persone del Jannah vedranno solo cose buone, e ascolteranno solo suoni bellissimi. Le persone nel Jannah saranno insieme ad altre brave persone, e si riuniranno con i loro familiari virtuosi. Non c'è tristezza né dolore, non ci sono preoccupazioni né noia, non c'è rabbia e neppure odio, non c'è gelosia, né malattia o tantomeno paura nel Jannah.

Il Jannah è così grande e bello che le nostre menti non possono nemmeno immaginarlo. Il Paradiso è composto da sette livelli, e ogni livello ha diversi gradi, livelli e categorie. Ogni livello superiore in Paradiso contiene maggiori gioie e piaceri ed è più straordinario del livello sottostante. Il Paradiso ha Otto Porte. Il livello più alto del Paradiso si chiama *Jannat Ul-Firdous*.

Il Paradiso avrà svariati palazzi fatti di oro e argento. Al loro interno ci saranno stanze su stanze e cascate che scorrono sotto esse. Il Suolo del Jannah è composto da puro muschio bianco, e i ciottoli sono fatti di perle, rubini, diamanti e gioielli. Le persone del Jannah saranno adagiate su letti e divani lussuosi, alti, con porta bevande e comode coperte. Gli abitanti del Paradiso mangeranno e berranno tutto ciò che vorranno. Se qualcuno vedrà un uccello che desidera mangiare, esso cadrà arrostito tra le sue mani. Verranno servite loro bicchieri fatti di scintillanti rubini, perle e diamanti. I frutti penderanno liberamente dagli alberi e si abbasseranno automaticamente al loro livello, così che potranno goderne. I vestiti nel Jannah non si logoreranno mai.

Eppure nulla sarà più amabile e piacevole del miglior regalo del Paradiso, ovvero vedere il volto di Allah, il Glorioso. Questo sarà il dono più prezioso per le persone che hanno vissuto una buona vita. Dobbiamo fare del nostro meglio per vivere una buona vita, così potremmo entrare in Paradiso con le nostre famiglie e vivere felici per sempre.

Fine.

www.ingramcontent.com/pod-product-compliance
Lightning Source LLC
Chambersburg PA
CBHW061107070526
44579CB00011B/167